比較文化研究ブックレット No.13

国のことばを残せるのか
ウェールズ語の復興

鶴見大学比較文化研究所　松山　明子

目　次

はじめに

イギリス南西に位置するウェールズは、イングランド・スコットランド・北アイルランドとともに連合王国イギリスを構成しています。人口約300万人のウェールズで現在もその２割程、50万人以上の人々に話されている言語がウェールズ語です。ウェールズ語が辿ってきた状況を理解するためのキーワードは、「衰退」と「復興」です。ウェールズ語はかつてウェールズ全域に加えて、ヘリフォードなどウェールズと隣接するイングランドの一部でも話されていたと言われています。イングランドの支配下でウェールズ語は影響力を失い、ウェールズでも英語が多数派の言語になってしまいましたが、ウェールズ語を存続させるため、さまざまな取り組みが行なわれてきました。ウェールズが「少数言語が健やかに栄えている国」と紹介されるほど、少数言語復興の成功例の１つとして注目されるのがウェールズ語なのです（1）。

インド・ヨーロッパ語族ケルト語派の言語であるウェールズ語の起源は、かつて中央ヨーロッパで暮らしていた古代ケルト人のことばにあると言われています。紀元前６世紀頃には、西へ移動したケルト人の一部がヨーロッパ大陸からブリテン島へ渡り、ブリテン島各地に定住していきます。１世紀にローマ人がブリテン島に進出すると、現在のアイルランド・スコットランド・ウェールズ・コーンウォールなど、ケルトの人々はローマの支配やアングロ・サクソン人の勢力が及ばない周縁の地域に住むようになりました。そして、古代ローマの言語であったラテン語がフランス語・イタリア語・スペイン語などになっていったように、それぞれの地域で発展してきたケルト系の諸言語には、２つのグループがあります。スコットランドのゲール語、マン島のマン島語、アイルランド語（アイルランド・ゲール語）のグループ、そしてもう一方のグループには、ウェールズ語のほか、イングランド南西部のコーンウォール語やフランス北西部ブルターニュのブレトン語が含まれます。7～9世紀のものと思われる碑文にウェールズ語が残っていることからその頃にはすでに、古代ケルト語から分かれた初期ウェールズ語と言われる言語ができていたと考えられています。

ウェールズというのは英語における呼び名で、ウェールズ語ではウェールズのことはCymru（カムリー)、ウェールズ語のことはCymraeg（カムライグ）と言います。そのため、日本語でこの言語のことを話題にする際に「ウェールズ語」ではなく「カムリー語」や「カムライグ語」という名称を使うべきだという指摘もあります。「ウェールズ」という呼び方は、アングロ・サクソン人がブリテン島にやって来たとき、すでにブリテン島にいたケルト人を彼らの言語で wēalas（異邦人）と呼んだことに由来するそうで、決して好意的につけられた名称とは言えません。しかしながら、本書では一般には馴染みがある呼び方であることを考慮して、「ウェールズ語」という表現で話を進めていきます。また、首都カーディフがウェールズ語ではCaerdydd（カエルディーズ）と呼ばれるように、ウェールズ語と英語で名称が異なる地名もありますが、一般に知られている英語の呼び方を使うことにします。

今日ウェールズ語を話すことができる人は住民の約20%です。そしてそのほぼ全員が英語とのバイリンガル話者です。どのようにウェールズ語と英語を使い分けているかはさまざまで、話者の多い地域に住み職場でも家庭でもウェールズ語を使っているという人もいれば、普段は英語で生活しているがウェールズ語話者の親戚や友人たちが集まるときにはウェールズ語を使うという人もいます。故郷の家族と連絡をとる時しかウェールズ語を使う機会がないという話者もいるでしょう。テレビやラジオ、本やインターネットなどのウェールズ語メディアもあります。それぞれの話者が、個々の状況に応じて、使えるとき、使いたいときにウェールズ語を使っているのです。ウェールズ語話者の割合は地域によってかなり差があります。東部より西部、南部より北部のほうが話者率が高い傾向にあり、南東部・北東部では話者率が1割程度の自治体が多いのに対して、北西部のグウィネズやアングルシー島などでは約6割もの人がウェールズ語を話します。

とはいえ、私たちにとって英語の国というイメージが強いイギリスで、本当にそのような言語を話している人がいるのか半信半疑の人もいるかもしれませんので、ウェールズ語話者の著名人を紹介しておきます。例えば、歴代英国首相の中では、ウェールズ北西部のカナーヴォン選出の自由党議員で、第一次世界大戦中の1916年に首相に就任したデイヴィッド・ロイド・ジョージもウェールズ語話者でした。マンチェスターで生まれたロイド・ジョージは、幼少時に父を亡くし、母とともにウェールズの親戚のもとで育ちました。国会議員としてロンドンで生活するようになってからも家族や同郷の知人たちとはウェールズ語で話していたと言われています。

現代の有名人では、ハリウッド作品にも出演している俳優ヨアン・グリフィズもウェールズ語話者の一人です。1997年公開の映画『タイタニック』で、ケイト・ウィンスレット演じるローズが沈没するタイタニック号から海に投げ出された後の場面で、生存者を捜索する救命ボートが現われますが、乗客を救うために救命ボートで現場に戻った実在のウェールズ人航海士ハロルド・ロウの役を演じていたのがグリフィズです。ウェールズ南部で生まれ、カーディフのウェールズ語学校に通ったグリフィズは、ウェールズ語放送局S4Cのウェールズ語テレビドラマに出演していたこともあります。親友で同じくウェールズ出身の俳優マシュー・リースとはお互いにウェールズ語で話しているそうです。

ウェールズ語の「衰退」と「復興」の話に入る前に、第1章ではまずウェールズ語がどのような言語か簡単に紹介し、衰退する以前にウェールズ語がどのように使われていたか述べておきたいと思います。第2章および第3章では衰退について、第4章および第5章では復興について見ていきます。話者たちが愛着を持っていたはずの言語がどのように衰退してしまったのか、衰退してしまった言語を消滅から守るため人々がどのような行動を起こしてきたのかを理解することで、私たちにとって言語とは何か、見えてくるものがあるのではないでしょうか。

第1章
ウェールズ語はどのような言語か

ウェールズ語とはどのような言語なのか、特に英語と異なるところを少し紹介しておきたいと思います。ウェールズ語の復興に大きな役割を果たしたとされるウェールズ語学校のことをウェールズ語では ysgolion Cymraeg（アスゴリオン・カムライグ）と言います。ysgolion は英語の schools（学校）、Cymraeg は英語の Welsh（ウェールズ語の）にあたるのですが、英語では Welsh schools になるのとは逆で、ウェールズ語では多くの形容詞が後ろから名詞を修飾します。英語の Good morning. にあたる朝の挨拶 Bore da.（ボレ・ダー）も、da（良い）が bore（朝）を後ろから修飾しています。複数形も英語の場合とは違います。「学校」は単数形が ysgol、複数形が ysgolion ですが、「木」は単数形が coeden、複数形が coed、「本」は単数形が llyfr、複数形が llyfrau、「家」は単数形が tŷ、複数形が tai となるなど、多くの場合に -s がつく英語の複数形よりずっと多様です。

よく知られている特徴にウェールズ語で treiglad（トゥレイグラド）、英語では mutation と呼ばれる音の「変異」があります。先ほどの ysgolion Cymraeg（ウェールズ語学校）は複数形ですが、単数形の場合は ysgol Gymraeg（アスゴル・ガムライグ）になります。Cymraeg が Gymraeg になるのは、ysgol が女性名詞であるために単数形を修飾するときに起こる音の変異で、このように単語が特定の文法的位置に置かれると語頭子音が変化する例をもう１つあげると、「父親」を表す tad（タード）が「私の」を表す fy（ヴァ）の後に来て「私の父」と言う場合、fy nghad（ヴァンハード）のように語頭の子音 t が変化します。

また、ch, ll など英語にない音もよく知られているかもしれません。喉に近いところから発する ch の音はドイツ語などにもありますが、ll は上の前歯の裏側に舌先をつけたまま側面から息を吐き出すウェールズ語に独特の摩擦音です。本書の中に出てくるサネシー（Llanelli）という地名にもこの ll の音が含まれています。ウェールズ語の辞書では、a（アー）、b（ビー）、c（エック）、の次に来るのは ch の項目で、ch はこれで１つのアルファベットです。また、ウェールズ語の辞書には発音記号が載っていません。これは、ウェールズ語の綴り字がおおむね音韻的で文字と音素がかなり対応しているためです。例えば、辞書では f の後に ff の項目が来ますが、f はヴの音、ff はフの音を表すので英語のように綴り字から発音がわからないということは起こらないからです。ウェールズ語は英語より難しい、ということがよく言われますが、少なくとも綴り字と発音の関係については、英語のほうがずっと学習者泣かせと言えるでしょう。とはいえ、綴り字は標準的ウェールズ語と対応しているので、同じ綴り方の単語でも地域によって発音の仕方に差がある、ということはあります。また、ウェールズ語が書かれているのを見て「子音ばかり」という印象を持つ人もいるようですが、ウェールズ語で母音を表すのに用いられる w（ウー）、y（アー）のためかもしれません。k, j, x など本来ウェールズ語では使われない文字もあります。「日本」は英語で Japan になりますが、ウェールズ語では Siapan（シャパン）となります。ただし、外来語や固有名詞の場合はこれらの文字が使われることもあり、ニュースなどで Tokyo, Fukushima のように表記されるのをしばしば見かけます。

文の構造としては、Prynodd hi lyfr.（彼女は本を買った）のように、prynu（買う）の過去形が最初に来て VSO になる文型があるのも英語とは違います。このような VSO の文型で目的語になっているために llyfr（本）の語頭子音 ll は l に変異しています。「私が買った」なら prynais i、「私たちが買った」なら prynon ni など、人称によって多様な動詞の活用がある点では、英語より学習者の苦労は多いかもしれません。また、二人称の代名詞に chi と ti の２つがあって、フランス語の vous と tu、ドイツ語の Sie と du のように場面や話しかける相手によって使い分けられます。ウェールズ語のさまざまな特徴については、ウェールズ語について日本語で解説している本も出版されていますので、そちらが参考になると思います（2）。ここまでいくつかウェールズ語の特徴を見ていただいたことで、ウェールズ語は英語の一方言などではなく、英語とは異なる別の言語であるということがおわかりいただけたことと思います。

「衰退」や「復興」というとき、その言語が社会の中で果たす機能とともに問題になるのは、話者数や話者の割合です。ウェールズ語話者の数についての最も重要な統計資料とも言えるのがイギリスで10年ごとに実施される国勢調査です。国勢調査にウェールズ語に関する項目が登場したのは1891年のことですが、このとき、54.5％がウェールズ語を話すと回答しています（3）。これ以降、第二次世界大戦のため実施されなかった1941年を除いて、国勢調査はウェールズ語の状況について継続的なデータを提供してくれています。1901年以降の集計結果については後の章でまた紹介します。

国勢調査の対象になる前の状況については、プライスという研究者が英国教会の文献を用いて行なった興味深い研究があります（4）。エリザベス１世の時代、ウェールズ語地域の礼拝で使用できるように、国家事業として聖書や祈祷書がウェールズ語に翻訳されました。1563年の立法で命じられたウェールズ語訳聖書は1588年に完成しています。ウェールズ語が日常的に使用されている地域では礼拝にウェールズ語を使用するという方針から、教区の言語的状況を反映しているかどうか監督するため教会で使用される言語の問い合わせ調査が行なわれていました。プライスはこの調査への回答をもとに、ウェールズ各地の国教会で礼拝に使用されていた言語がウェールズ語だったか英語だったかを分析したのです。プライスが分析結果をまとめた地図を見ると、18世紀半ばには北部のいくつかの町をのぞいて、ほとんどの国教会でウェールズ語礼拝だけだったことがわかります。19世紀初めの地図でも全体にウェールズ語礼拝のところが多く、礼拝が二言語だったのはイングランドと隣接する国境付近や都市周辺に限られています。プライスは礼拝の言語に基づいて、ウェールズ語のみの使用であれ、英語と併用される状態であれ、当時ウェールズ語が使われる地域にどのくらいの割合の人々が住んでいたかを推計しています。19世紀初めの1801年には71.8%の人がウェールズ語地域に住んでいたと推測されることからも、かつてウェールズ語が多数派の言語であったことがうかがえます。ウェールズ語地域に住む人の割合は、1851年には69.0%とそれほど変わりませんが、1881年になると36.8%に低下すると推計されていることから、19世紀後半がウェールズ語にとって大きな変化の時期であったことがわかります。19世紀の変化については次章で述べますが、その前に、中世のウェールズでウェールズ語がどのように使われていたのか、見ておきたいと思います。

現代のウェールズ語文化を象徴する催しにアイステズヴォッド（eisteddfod）があります。全国規模で運営される８月初めのナショナル・アイステズヴォッドが最も有名ですが、毎年７月に北部のスランゴスレンで開催されるインターナショナル・アイステズヴォッドのほか、地域や学校などの小規模な単位で開催されるものも多数あります。アイステズヴォッドとは文芸・音楽・ダンスなどで参加者たちが競い合うコンテストで、合唱・器楽・工芸などさまざまな分野にわたるナショナル・アイステズヴォッドの中で特に注目が集まるのは、伝統的な押韻の規則に沿って作られる韻律詩、自由律詩、散文の３つの文芸創作部門です。特に韻律詩部門の受賞者が授与された栄誉の椅子に座るセレモニーは金曜日夕刻に行なわれるナショナル・アイステズヴォッドのクライマックスなのですが、このような演出は、中世のウェールズ宮廷で開催された詩の大会の様子を模したものだと言われています。

中世のウェールズでは、ウェールズ語は一般の人々の言語であっただけでなく、ラテン語とともに宮廷でも広く用いられていました。詩の大会は、当時の吟遊詩人たちにとって、お抱え詩人になるチャンスでもあったのです。「アイステズヴォッド」という名称が「座る」という意味のウェールズ語の動詞eistedd（アイステズ）に由来するのは、吟遊詩人たちが勝者に与えられる王宮の椅子に座ることを目指して競い合ったところから来ているようです。当時ウェールズのかなりの地域を支配下に置いていたハウェル善良王は、「ウェールズ法」を法典化しています。940年頃に作られたと言われるこの法典を現在に伝えているのは13世紀半ばの写本ですが、このような文書にもウェールズ語が使われていたのです。

このように中世のウェールズ語は、人々が日常生活で話す家庭の言語であったのはもちろん、詩作に用いられる芸術・文化の言語であり、政治や法の言語でもありました。ウェールズの言語として確固たる位置づけにあったウェールズ語の状況を揺るがしたのはイングランドとの関わりでした。1066年のノルマン征服以降、ノルマン人領主たちはさらなる領土を獲得しようとしてウェールズにまで進出するようになります。また、ウェールズ諸侯の領土拡張争いの中で、支援を求めてイングランドのウェセックス王国と友好関係を結んだり、臣従の礼を尽くす王も現れました。そして、13世紀後半のエドワード１世の侵攻以降、ウェールズは政治的独立を失っていきます。ウェールズがイングランドの支配下に置かれるようになったことが、ウェールズ語衰退の発端だったとも言えるのですが、このことは衰退へ至る１つめの波として次章で述べていきます。

第２章

衰退への２つの波

本章ではウェールズの言語であったはずのウェールズ語が英語に圧倒され、不利な状況に至る過程について見ていきますが、衰退へ至る過程には２つの大きな波があったと考えられます。１つめの波は前章でも触れたようにウェールズがイングランドの支配下に置かれるようになったことです。２つめの波は社会的に大きな変化のあった19世紀にやって来ます。まず、１つめの波から見ていきましょう。

ウェールズには数多くの城がありますが、その多くが、イングランド王がウェールズを攻める拠点にするため、または、防戦のために築かれたものです。13世紀後半のエドワード１世の侵攻以降、ウェールズはイングランドの支配を受けるようになります。そして、ヘンリー８世の時代に発布された1536年の併合法は、「言語条項」として知られる条文で、「ウェールズ語を用いる者は、英語を使いこなすことができなければ、イングランド、ウェールズ、その他の国王の領地内において公職に就くことも給料を得ることもできない」と規定しました。この条項は一般の人々がウェールズ語を話すことを禁止するようなものではありませんでしたが、司法や行政に関わる職に就きたい地主階級の人々は、子弟をイングランドのグラマー・スクールや大学へ通わせて英語を身につけさせようとしたといいます。そして、英語を身につけた特権階級の人々は普段の生活でも英語を使うようになっていきました。この「言語条項」については、すでに地主階級の間で土地の売買や遺言など重要な文書は英語で作成するようになっていた社会的風潮を反映したものにすぎない、という見方もあります。法律が先か、実態が先か、いずれにせよイングランドの支配下で英語は影響力を増していったのです。ウェールズ語の文法書も執筆した当時のあるウェールズ人学者は1585年に出版した本の中で、貴族たちはウェールズ語を軽蔑して顧みず、彼らの大部分がウェールズ語の読み書きができないのは嘆かわしいことである、と述べたそうです。

イングランドの統治下でウェールズ語が公用語としての地位を失った結果、支配階層は英語、一般の人々はウェールズ語、のように社会的階層によって別の言語を話す状況が生まれました。このような状況は「ダイグロシア」と呼ばれますが、政治や司法などの領域で機能を失った下位の言語は不利な状況に置かれることになります。ウェールズ語訳の聖書が作られたこともありウェールズ語は教会の言語として使われていきますが、支配階層がウェールズ語に背を向ける中で、領主がパトロンとなって吟遊詩人を庇護する伝統は廃れ、ウェールズ語は文芸の言語としてもその地位を失っていったのです。支配階層の英語化は、話者数としては人口の一部に起こった変化にすぎなかったかもしれませんが、英語は「価値のある」「上流階級の」言語、ウェールズ語は「価値のない」「大衆の」言語、という評価を招いたことは言語の将来に大きな影響を与えることになります。

衰退の2つめの波がウェールズ語の状況を大きく変えるのは、19世紀です。すでに英語化していた支配階層の人々は別として、19世紀初めにはウェールズの人々は日常生活でウェールズ語を用いており、その多くは英語を全く話せないモノリンガル話者であったといいます。この時期の大きな社会的変化であった工業化の影響については後で述べますが、工業化と並んでウェールズ語の衰退を引き起こしたとしてしばしば批判されるのは学校教育です。

グラマー・スクールや大学へ通うことができたのは裕福な階層の子どもたちに限られていましたが、17世紀後半以降、教会を母体とする組織が中心になって、一般の子どもたちに教育の機会を広げようとする試みが少しずつ始まります。19世紀になると、学校建設への国庫助成など国家の支援も始まり、学校設立が盛んになっていきます。これらの学校でイングランドの子どもたちに英語の読み方・書き方・算数が教えられたのと同じように、ウェールズに作られた学校で英語の読み書きが教えられ、学校教育からウェールズ語が排除されたためにウェールズ語が衰退した、というのです。

19世紀半ばの学校の状況についての貴重な資料の１つに、1846年に行なわれ、翌1847年の報告書にまとめられた教育状況調査があります。表紙の色から青書（ブルー・ブックス）とも呼ばれるこの報告書によれば、ウェールズ語で授業をしていた学校は、南部で32.5%、中部で13%、北部で8%しかなかったといいます。この割合には、英語とウェールズ語を併用して二言語で教えている学校も含まれていますから、ウェールズ語だけで教えていた学校はもっと少なかったことになります。

当時ウェールズ語話者が多数派であったウェールズで、英語で授業が行なわれた大きな理由は、学校へ通わせる親が子どもたちに英語を学ばせたがっていたからです。支配階層がすでに英語化していたウェールズでは、英語は「洗練された」言語、ウェールズ語は「劣った」言語という評価ができてしまっていました。また、英語ができれば収入や社会的地位の面で有利な仕事に就くことができるという期待もあったでしょう。当時、ウェールズ語の読み書きは、日曜学校で学ぶことができました。新たに設立された平日の学校に授業料を払ってまで子どもを通わせようとする親たちが望んだのは英語教育だったのです。英語で授業をする学校が多かったのは、そのような要望を反映していたためと考えられます。

また、国家の側もウェールズに英語を普及させることを考えていました。1830年代から1840年代にかけてウェールズでは暴動が頻発していました。特に大きなものに、1839年から1843年にかけて起こったレベッカ暴動がありましたが、この暴動について調査した報告書の中に、ウェールズの人々が英語を知らないこと、教育が不十分な状態にあることをその背景として指摘する記述があるそうです。一国家一言語を望ましいと考え、「野蛮な」言語であるウェールズ語がなくなれば国家の統合が進むという思惑が1846年の教育状況調査の背後にあったようです。特に労働者階級が英語の知識を得るのにどのような手段があるかを調査するために派遣された３人の調査官たちはいずれもウェールズ語がわからないイングランド人だったのですが、「ウェールズ語はウェールズにとって非常に大きな障害であり、人々の道徳的進歩と経済的繁栄を大きく妨げるものである」という報告書の記述からもウェールズ語を蔑視する姿勢が感じられます（5）。

しかしながら、学校教育が英語を普及させウェールズ語を衰退させた、という説明は疑わしいと言わざるをえません。学校でしばらく授業を受けただけで外国語を身につけるのが難しいということは、日本で英語を学習する私たちの多くが痛感していることです。子どもたちも労働力であった時代、授業料を支払いながら何年も子どもを通学させることのできた家庭はそれほど多くありませんでした。しかも、効果的な外国語教授法についてほとんど理解のなかった当時、ウェールズ語を排除すればするほど英語学習の効果が上がると考えられたため、ウェールズ語を母語とする子どもたちに簡単な単語や語句から導入して第二言語である英語が理解できるようにしようといった配慮はなく、イングランドの英語話者の子どもたちと同じように英語の読み方・書き方を教えようとしていたようなのです。当時、子どもたちが学校でウェールズ語を話すのを取り締まるために使われたという罰札がカーディフ郊外にあるウェールズ民俗博物館に展示されています。1862年の改正教育令によって、イングランドと同じように英語の読み方・書き方・算数の試験の合格者数で補助金の額が増減する「出来高払制度」が始まったことでウェールズの学校教育はますます英語中心になってしまったという指摘もあります。

1847年の報告書からは、日曜学校でウェールズ語の読み書き教育が成果を上げていたのに対して、一応英文を音読しているもの意味が全然わかっていないなど、学校での英語教育がさほど成果を上げていなかった様子も伝わってきます。ウェールズ語を母語とする子どもたちが教室の中で英語を身につけてウェールズ語を話すのをやめてしまった、と考えるのは無理があるわけですが、学校教育がウェールズ語の状況に影響を与えなかったというわけではありません。学校という公的な機関でウェールズ語が排除されたことは、英語は「きちんとした」「良い」言語、ウェールズ語は「野蛮な」「劣った」言語という評価を定着させてしまいます。1870年の基礎教育法成立以後、それまで学校がなかった地区にも学校が設立されていきますが、学校の増加につれて、ウェールズ語の読み書きを学ぶことができた日曜学校は廃れてしまいます。ウェールズ語の読み書きを学ぶ機会が失われたことは、言語の存続にとって大きなダメージとなります。読み書きに使うことのできない言語は、限定された領域でしか用いられなくなってしまうからです。その意味では学校教育の普及はウェールズ語衰退に少なからぬ影響を及ぼしたと言えるかもしれません。

学校教育が英語話者を増やしたわけではなかったのだとすれば、衰退に至る２つめの波は何だったのか、それは19世紀ウェールズの社会を大きく変えた工業化の影響です。19世紀初めに約60万人だったウェールズの人口は、19世紀前半に倍増、後半に再度倍増して、100年で４倍近くになり、イングランドと同じペースで増加しました。農業・漁業から炭鉱・採石・鉄鋼などへ産業の重点が移るにつれ、北東部および南東部の工業地域、特にグラモーガン州を中心に南東部に人口が集中します。鉄鋼業や蒸気機関のために石炭の需要が高まった19世紀から20世紀初頭にかけて、ウェールズ南部は主要な石炭の産出地でした。

イングランドで産出する石炭が主に国内で消費されたのに対し、ウェールズ南部の石炭は世界の石炭輸出の３分の１近くを占めるほどだったといいます(6)。

このように工業化にともなって人口が急増したことが、ウェールズ語にとってプラスの影響を与えたと論じる人もいれば、悪影響を与えたと考える人もいます。工業化がウェールズ語を衰退させたと考える人々は、工業化した南東部・北東部は英語化してしまい、工業化の影響が少なかった北西部・南西部にウェールズ語が残ったのだと論じます。実際、ウェールズ語の話者率は北西部・南西部で高く、南東部・北東部で低い傾向にあります。では、この時期の工業化がウェールズ語にどのようなプラスの影響を及ぼしたというのでしょうか。

ウェールズの農村部から仕事とより良い生活を求める人々が工業化された地域へ移り住みましたが、移住先がウェールズの中にあったことが、アイルランドの場合と対照的な結果になった、と指摘するのはトーマスという研究者です(7)。ウェールズの中に移住する先がなければ、アイルランドのようにイングランドやアメリカへの人口流出が起こったかもしれないわけで、農村部を離れたウェールズ語話者が南東部・北東部の工業地域で母語での生活を続けることができたことは言語にとって幸いなことだったというわけです。アイルランドでは1840年代にジャガイモの不作から食糧不足が起こり、死亡や移住のため820万人近かった人口は450万人程に激減し、アイルランド語も大きなダメージを受けることになりました。イギリスからアメリカへの移住がピークだった1880年代にもウェールズからの移民はほとんどいなかったといいます。

この指摘によれば、アイルランドと同じようなことがウェールズに起こっていたとすると、19世紀初めに約60万人だった人口が実際には約240万人に増加したのとは逆に、40万人程度にまで減少してしまったかもしれない、というのです。20世紀初めの人口が50万人を割っていたら、ウェールズ語の話者率が70

%に保たれていたと仮定しても話者数は30万人程度にしかならず、工業化を経て話者率は低下したものの話者数がおよそ100万人だった20世紀初めの実際の状況とは大きな差があります。話者数30万人で20世紀を迎えていた場合、ウェールズ語の衰退はもっと深刻だったかもしれないわけです。

農村部からウェールズ語話者が移り住んで南東部の工業地域に集中したことは、短期的には南東部をよりウェールズらしくしました。活気あるウェールズ語コミュニティが生まれたことは、ウェールズ語文化にとっては幸いなことでした。例えば、1860年代から1890年代にかけてがウェールズ語出版の黄金時代だったという見方もあります。ウェールズ語話者の多くが日曜学校で読み方を学んでおり、読者がある程度の規模になったことでウェールズ語の出版物の需要が伸び、相当量の出版が可能になったというのです。19世紀を通じて約１万点のウェールズ語出版物があり、約400の雑誌がウェールズ語またはウェールズ語と英語の二言語で刊行されました。中には、平均数万部を売り上げる月刊誌もあったといいます 。ウェールズ語新聞もあり、1857年創刊の*Baner ac Amserau Cymru*（バネル・アク・アムセライ・カムリー）の発行部数は、1880年代には1万3千部に達していました。

活気に満ちたウェールズ語の運命が転換した分岐点は、1890年代だと言われています。人口が集中する工業地域にはウェールズの農村部からだけでなく、イングランドからもたくさんの労働者がやって来ました。当初やって来たイングランド人労働者はウェールズ語コミュニティに吸収されていきました。農村部からやって来たウェールズ語モノリンガル話者が圧倒的に多く、一緒に働くイングランド人労働者のほうがコミュニケーションを図るためウェールズ語を身につける必要があったのです。前述のウェールズ語新聞*Baner ac Amserau Cymru*で1885年に紹介されたある調査によると、グラモーガン州のある炭鉱で働いていた約500人の炭鉱夫のうち、147人はウェールズ生まれでなかったものの、そのうち80人が流暢に、40人がまあまあ上手にウェールズ語を話すことができ、20人は聞いて理解できたそうです。ウェールズが全くわからない英語話者は7人だけだった、という結果は、この当時外からやって来た非ウェールズ語話者がかなりの割合でウェールズ語コミュニティに同化していたことを示す一例です（8）。

分岐点と言われる1890年代以降、発展を続けていた石炭産業でさらに労働力が必要になり、ウェールズの外、特に隣接するイングランドの南西部からやって来る労働者が多くなります。例えば、1891年から1901年の10年間で約5万2千人がグラモーガン州へ移り住みますが、ウェールズ出身者は半分未満だったといいます。1901年から1911年にはグラモーガン州へ移り住んだ人の63%がイングランド出身者でした。ウェールズ語話者が多数派だった工業地域で二言語が拮抗するようになり、非ウェールズ語話者の数が多くなるにつれてウェールズ語コミュニティへの同化が起こらなくなってしまったのです。これが19世紀に訪れた２つめの衰退の波です。次章では、衰退とはどのような状態を指すのかもう少し詳しく見ておきたいと思います。

第３章
言語境界線の移動と次世代の言語

前章では、衰退への２つの波について見てきましたが、１つめの波が主に支配階層に影響するものだったのに対し、工業化とそれにともなう人口の移動という２つめの波は多くの人々に影響を及ぼすことになりました。とはいえ、イングランドから労働者がやって来たことだけで英語が普及し、ウェールズ語を衰退させたわけではありません。第１章で紹介したプライスの研究からも、ほとんどの英国教会でウェールズ語礼拝が行なわれていた19世紀初めに、イングランドと隣接する国境付近や都市周辺の教会ではすでに二言語で礼拝が行なわれていたことがわかっています。19世紀末にイングランドからやって来る労働者が多くなるずっと前から、国境付近や都市部では、ウェールズ語と英語の接触が起こっていたのです。特に、イングランドとの国境付近に暮らすウェールズ語話者は常に英語化の影響を受けていました。

２つの言語が接触する境界線上の地域では、日常的に二言語が使用され、隣人とのコミュニケーションや商売上の取引の都合などから二言語を使う住民もいたと考えられます。そのような地域で育つ子どもたちは、２つの言語に触れる環境の中でバイリンガル話者になる可能性があります。２つの言語が対等な力関係にある場合、二言語を話すバイリンガル話者の子どもたちもまたバイリンガル話者になるなど、一定割合のバイリンガル話者がいる状態で安定し、特にどちらかの言語の話者が増えたり減ったりすることはないでしょう。しかしながら、言語の力関係に差がある場合、両親がバイリンガル話者であっても、優勢な言語だけが次世代に継承される、ということが起こりやすくなります。社会的に優勢な言語が家庭でも使用されやすくなるからです。ウェールズ語が母語であっても、地域の中で英語を身につけてバイリンガル話者になり、家庭で自分の子どもとコミュニケーションをとるときには英語を使うという話者も出てくるでしょう。社会的に優勢な言語のほうを子どもたちに習得してほしいと願うバイリンガル話者が英語を選ぶことが多くなるのです。英語を話す家庭の子どもたちが地域の中でウェールズ語を身につける可能性はありますが、英語が優勢になったコミュニティの中ではウェールズ語を身につける可能性は低くなってしまいます。二言語が共存していた地域で急速に英語化が進む場合、祖父母世代はウェールズ語話者、親世代はバイリンガル話者、子ども世代は英語話者、のように二言語を使用する世代は長く続かず、ウェールズ語は継承されなくなってしまいます。言語境界線上にある地域にこのような英語化が起こると、言語の境界線はまた少し西へと移動し、移動した境界線上で同じ現象が起こるようになります。英語話者の来訪が多い都市部でもこのような変化は起こりやすく、都市の中心部から周辺地域へ英語化が進むことになります。言語の移行がゆっくりと進行して、バイリンガル話者の世代が何世代か続いた場合もあったでしょうが、多数派言語とケルト系の少数言語の境界線が歳月を経るにつれ経済の中心から遠ざかる方向に移動してケルト系の言語が話される地域が縮小する現象は、ウェールズ語だけでなく、イングランド南西部のコーンウォール語やフランス北西部のブレトン語の場合にも見られます(9)。

話者が多いほど言語が子ども世代に引き継がれやすいということを示す統計もあります。1950年代初めに実施されたある教育調査によれば、両親ともウェールズ語話者の場合に子どもの第一言語がウェールズ語である割合は全体では70%でしたが、地域別に見ると、ウェールズ語話者率が高かった北西部のメリオネス州とカナーヴォン州ではそれぞれ96%、91%だったのに対して、話者率の低い南東部のグラモーガン州では42%でしかなく、地域の状況がウェールズ語がどの程度次世代に引き継がれるかに影響することがわかります(10)。また、この調査からは、両親の一方しかウェールズ語話者ではない家庭では言語が継承される可能性が低くなることもわかっています。母親のみがウェールズ語話者の場合全体では11％でしたが、メリオネス州の43％とカナーヴォン州の39％に対して、グラモーガン州では7％、父親のみがウェールズ語話者の場合全体では6％でしたが、メリオネス州の19％とカナーヴォン州の20％に対して、グラモーガン州では4％、といずれの場合もウェールズ語話者率が高い地域のほうが継承されやすいものの、両親ともウェールズ語話者の場合に比べると子どもの第一言語がウェールズ語になる割合はかなり低くなっています。英語が優勢になった地域ではウェールズ語話者同士の結婚が少なくなっていくであろうことも考えると、二言語の力関係が一方に有利に傾くことが数世代後の言語の状況に多大な影響を及ぼしうることを示すデータです。

1950年代のこの調査からはまた、ウェールズ語が第一言語の子どもが英語を身につけてバイリンガル話者になることはよくあるのに対し、英語が第一言語の子どもがウェールズ語を身につけてバイリンガル話者になることは少なかったこともわかっています。ウェールズ語が母語で小学校低学年ではまだ英語が話せない子どもたちがいる地域でも中等教育へ進む11歳になると英語を話せない子どもはほとんどいませんでした。

社会的な変化の中で英語のほうが優勢な言語となり、ウェールズ語が次の世代に引き継がれにくくなり、また、英語話者が地域の中でウェールズ語を身につけることも少なくなったことがウェールズ語を衰退させることになったのです。このような衰退のプロセスが、都市周辺や言語境界線上ではゆっくりと、工業地域では19世紀末から20世紀初めにかけて急激に進行したというわけです。

英語を学ぶかどうか、家庭や社会でウェールズ語と英語のどちらの言語を使うのか、といったことを話者ひとりひとりが選択してきた結果としてウェールズ語が衰退したとも言えますが、これらの選択は、より良い生活を求め、子どもたちが少しでも有利に生きられるように考えてなされた英語優位の社会における苦渋の選択でもありました。言語の境界線が少しずつ西に移動していたことも、19世紀末から20世紀初めにかけてがウェールズ語にとって決定的な時期になることも、私たちが後から振り返ってみて理解できることです。社会的に有利な言語である英語を身につけたいと切望したウェールズ語話者たちは、英語を話せるようになったらウェールズ語を捨ててしまっていいと考えたわけではなかったでしょう。自分自身がウェールズ語話者であったり、身近に誰かしらウェールズ語話者がいた19世紀には言語が消滅してしまうかもしれないということは想像できなかったでしょう。英語が優位な社会の中でバイリンガル話者が増えることで、後の世代にウェールズ語が継承されにくくなるという衰退のプロセスをわかっていなかった話者たちは言語の消滅を覚悟の上で自分たちの行動を選択していたというわけではありません。

第１章でも触れたように、国勢調査にウェールズ語に関する項目が含まれたのは1891年のことですが、質問項目がある程度比較しやすいものになったのは1901年以降のことです。言語の状況を集計結果から概観できるようになり、言語の消滅への懸念が切実なものとして顕在化したのはもう少し後のことになります。1901年以降の国勢調査の結果は表１のようになっていま

表１　ウェールズ語の話者数と割合

調査年	話者数	割合
1901	929,824	49.9%
1911	977,366	43.5%
1921	922,092	37.1%
1931	909,261	36.8%
1941	（国勢調査なし）	
1951	714,686	28.9%
1961	656,002	26.0%
1971	542,425	20.9%
1981	508,207	18.9%
1991	508,098	18.7%
2001	582,368	20.8%

す (11)。

表1が示すように、ウェールズ語話者の実数はウェールズの人口増加もあって1901年から1911年にかけて増加しましたがその後は減少していきました。また、ウェールズ語話者が人口に占める割合は低下し続け、1991年には18.7%になっています。当初は英語を話さず、ウェールズ語しかわからないモノリンガル話者についても調査するため、英語を話すかどうかも質問していましたが、1901年調査で15.1%だったウェールズ語モノリンガル話者の割合は1981年には0.8%にまで低下し、ウェールズ語話者のほとんどが英語も流暢に話すバイリンガル話者であるという状況になったために1991年調査からは英語を話すかどうかの質問はなくなっています。

画期的な結果になったのは2001年です。ウェールズ語話者数は1991年の約50

表2　ウェールズ語話者の割合

年齢	国勢調査におけるウェールズ語話者の割合			
	1961	1971	1981	1991
3～4	13.1%	11.3%	13.3%	16.1%
5～9	16.8%	14.5%	17.8%	24.7%
10～14	19.5%	17.0%	18.5%	26.9%
15～24	20.8%	15.9%	14.9%	17.1%
25～44	23.2%	18.3%	15.5%	14.5%
45～64	32.6%	24.8%	20.7%	17.3%
65歳以上	37.2%	31.0%	27.4%	22.6%
全体	26.0%	20.8%	18.9%	18.5%

万8千人から2001年の58万2千人余りへと約7万4千人の増加、話者率も1991年の18.7%から2001年の20.8%へ2.1ポイント上昇したのです。話者数減少や話者率低下は1971年以降小幅になってきてはいましたが、マイナス方向からプラス方向へ変化の方向が転換したことは、言語を守るための努力を反映し、復興を象徴的に示す結果となりました。

話者率上昇に大きく貢献したのは学齢期の子どもたちの変化です。左ページの表2は1961年から1991年の国勢調査について、年齢層別に話者率を集計したものです(12)。1961年の話者率を見ると、年齢が上のグループほどウェールズ語話者の割合が高い結果になっています。このように若い世代ほど話者が少ないということは、世代間での言語の継承がうまくいかず、話者が先細りになる状態です。一方、1991年の話者率が最も高いのは10〜14歳の26.9%、次いで5〜9歳の24.7%で、これら学齢期の話者率は、65歳以上の22.6%を上回っています。全体の話者率が上昇する結果になった2001年の調査では5〜15歳の話者率は40.8%でした。地域や家庭で言語を継承することが難しくなりつつある中で学齢期のウェールズ語話者が増加してきた背景には、主にウェールズ語で授業をすることでウェールズ語と英語の二言語のスキルを育成することを目指すウェールズ語学校の役割が大きいと言われています。

以降の章では、ウェールズ語の復興に向けてどのような取り組みが行なわれてきたかを紹介したいと思いますが、次章ではまず、学校教育について取り上げます。

第4章
ウェールズ語と学校教育

第２章では、公教育制度が確立しつつあった19世紀の学校教育からウェールズ語が排除される一方で、ウェールズ語で読み方を教えていた日曜学校が廃れ、ウェールズ語で読み書きを学ぶ機会が失われる結果になったことに触れました。子どもたちの母語がウェールズ語であることに配慮がなく、学校教育が十分な成果を上げていなかった状況を憂えた人々が1885年に「英語の知識増大のため教育においてウェールズ語を活用するための協会」、通称「ウェールズ語協会」を設立します。ウェールズ語が授業をするのに使われたり、科目として教えられたりすることを目指す活動を通じて、ウェールズ語と英語の二言語で書かれた教科書の使用や二言語で授業をすることを認める教育令が出されたり、ウェールズを担当する視学官に対して二言語で指導することを促すよう指示が出されたといいます。英語の読み方・書き方・算数中心のカリキュラムを招くことになった国庫補助金の出来高払制度の中でも、ウェールズ語は対象科目として認められていきました。

しかしながら、すぐにウェールズ語が積極的に活用されることはなかったようです。そもそも最初からウェールズ語で授業をすることを禁止する法律や規定があったわけではなく、実際に教室でウェールズ語を使うかどうかは学校や教師次第でした。試験に訪れた視学官が、単語や語句の意味は母語で教えて子どもたちが学んでいる内容を理解できるようにすべきだと指摘したにも関わらず、視学官の提案はすぐには受け入れられなかったという報告もあります。1900年になっても、ウェールズ語は科目としてカリキュラム全体が英語で実施されるところにうわべだけ追加されているにすぎず、まるで英語話者の子どもたちに外国語を教えるように英語でウェールズ語の授業が行なわれていたことが視学官の報告にあります。

ウェールズ語の活用が進まなかったのは、法律や制度の問題であったと同時に、人々の意識の問題でもありました。親たちは子どもたちが英語を身につけることを望んでいましたし、学校側もその希望を叶えると同時に子どもたちを英語の読み書きの試験に合格させてより多くの補助金を獲得しようとしていました。そして、時には罰札まで使って徹底的にウェールズ語を排除することが英語習得への近道と考えられたのです。また、二言語を使用するバイリンガル話者に対するイメージも現在とは違っていました。２つの言語が思考の容量を占めてしまうと他のことを学ぶ余裕がなくなるため、２つの言語を使用することは知能の発達に悪影響を与える、という否定的なイメージがあり、このような二言語使用への否定的な考え方は、1960年代まで続いたといいます (13)。

また、当時は第二言語として学ぶ子どもたちにどのように英語を教えればよいのか適切な指導法も十分に理解されていませんでした。19世紀末から20世紀初めにかけては、学校に英語教育を期待する親、積極的にウェールズ語で指導しようとしない教師や学校、ウェールズ語を母語とする子どもたちの困難を認識していた視学官、ウェールズ語の活用を訴えるウェールズ語協会など、学校教育におけるウェールズ語のあり方についてさまざまな見方がありました。ウェールズ語話者の子どもたちに対しては第二言語としての英語を効果的に指導する必要があったと同時に、英語以外の科目を母語で学ぶことができる環境が必要だったのですが、こうしたことはどのように実現していったのでしょうか。

1907年、教育庁の中にウェールズ局が設けられ、地域の状況によってどの科目もウェールズ語で教えてよいこと、母語がウェールズ語の子どもに対して幼児クラス（５～７歳）の間はウェールズ語で指導することなどが教育令で規定されました。この規定はウェールズ語の使用を奨励するものではありましたが、実際にウェールズ語で指導するかどうかはそれぞれの地方教育当局に委ねられました。幼児期はすべて母語で指導し、第二言語を導入するのは７歳以降に、という明確な方針が打ち出されたのは1927年です。以降、1930年代にかけて、ウェールズ語が話される農村部の学校の大部分で７歳まではウェールズ語で教えられるようになっていったといいます。

しかしながら、このように幼児期の指導を母語で行なうことは、ウェールズ語話者の子どもたちの困難を解消するという意味合いが強く、二言語のスキルを備えたバイリンガル話者の育成を意図するものではなかったようで、７歳で英語が導入されて以降は次第に英語での指導に移行する傾向にあったといいます。その背景の１つとして、中等教育進学のための奨学金の試験が英語で実施されたり、二言語で出題される場合でもウェールズ語で解答できる問題が少なかったなどの要因が1927年の報告書の中で指摘されています（14）。

ウェールズ語で教えることへ拒否反応が薄れて学校でウェールズ語を使用することへの理解が進んだのは、もちろんウェールズ語協会のような働きかけの成果でもあったでしょうが、ウェールズ語の衰退も大きな要因だったと考えられます。一部の地域や学校では英語話者の子どもたちに積極的にウェールズ語を教えるところが出てきました。例えば、1920年代にある学校で試験的にウェールズ語の授業を導入したところ圧倒的な支持が得られたために市内の全学校でウェールズ語を教えることになったというレクサムもこの頃には英語話者が多数派になっていた北東部にあります。1885年にウェールズ語協会が結成された当時その活動を最も肯定的に受け止めたのは南部の都市部、すなわち、ウェールズ語が家庭の言語でなくなりつつあった地域の学校で、反対に、住民のほぼ全員がウェールズ語を話すような農村部の学校でウェールズ語を教えていたところはほとんどなかったといいます。

1901年の国勢調査で49.9％だった話者率は、1921年には37.1％に、1931年には36.8%にまで低下していました。1941年は第二次世界大戦中だったため国勢調査は実施されませんでしたが、1951年には話者率28.9%という結果になりました。20世紀初めに2人に1人だったウェールズ語話者は、20世紀前半の50年間で3～4人に1人になってしまったのです。主にウェールズ語で授業を行なうウェールズ語学校が初めて設立されたのはこの時期であり、英語しか話さない話者の増加でウェールズ語が受け継がれていくかどうか、その存続への危機感が高まったことがきっかけでした(15)。

ウェールズ語学校は、ウェールズ語で ysgol Gymraeg（アスゴル・ガムライグ）、英語で Welsh-medium school または Welsh school と呼ばれます。最初のウェールズ語小学校は、1939年ウェールズ西海岸のアベリストウィスに設立されたごく小規模の私立校でした。第二次世界大戦中だった当時、イングランドから英語話者の子どもたちが多数疎開しました。少なくとも5～7歳の間母語で指導することは当時すでに定着しており、話者の多い地域では学校内で自然にウェールズ語が使われるようになっていました。しかしながら、1939年9月、アベリストウィスで5歳の息子を地元公立小学校のウェールズ語クラスに通わせることになっていたイヴァン・エドワーズは、リバプールから多数の疎開者を受け入れる結果としてウェールズ語クラスがなくなってしまうことを知り、また、学校全体のウェールズらしさが失われてしまうことを懸念して、自身が組織していたウェールズ語推進を目指す青年活動「カムリー希望団」本部の一室をウェールズ語クラス維持のために提供することにしました。

この「分校」に教師が出張して授業をするという方法はうまくいかなかったようで、エドワーズの息子を含め7人の児童の保護者たちは、「カムリー希望団」の職員だった教員経験者が教える形で私立小学校をスタートさせることになりました。児童数が計56人になった1944年、進学する中等学校を決めるための11

歳試験で８人の児童全員が好成績だったことがこの新たな試みの良い宣伝になったこともあって、翌1945年には児童71人教師4人の規模に拡大しました。

1947年には南西部サネシーに最初の公立ウェールズ語小学校が設立されました。1949年には、南部・北部に各4校、計8校が開校し、翌1950年までに７つの自治体14校に拡大したウェールズ語小学校で学ぶ児童は926人にまで増えました。また、当初私立学校だったアベリストウィスの学校も1952年には地方教育当局に移管され公立校となっています。サネシーに最初の公立ウェールズ語小学校が設立されてから1956年までの10年間で30校のウェールズ語小学校が開校しました。ウェールズ語小学校で英語が教えられるのは通常、就学後２年を経た７歳からで、英語と外国語以外全ての科目がウェールズ語で教えられます。そして、ウェールズ語小学校の増加とともに、同様の中等学校を求める声が上がります。

最初のウェールズ語中等学校は1956年北東部に設立されますが、ウェールズ語小学校を終えた子どもたちが既存の中等学校へ進学するしかなかった当時は、進学先を決めるために初等教育修了時に実施される11歳試験は英語で行なわれるのが通例で、初期のウェールズ語小学校ではこの試験に備えて最後の２年間は主に英語で授業をしていたといいます。ウェールズ語中等学校の開校と、選抜試験を行わずに地域内の生徒を受け入れる統合制中等学校の普及で、初等教育の終わりまでウェールズ語教育を続けることが可能になっていきます。1962年には、ウェールズ語小学校は36校（児童3,795人）に拡大し、南部に初のウェールズ語中等学校が誕生しました。初期のウェールズ語中等学校では、物理・化学・生物・数学など一部の科目が英語で教えられることもあったといいますが、1980年代までには英語と外国語以外すべてのカリキュラムを英語で指導するスタイルが確立しました。1973年にはウェールズ語小学校61校（児童

8,645人)、ウェールズ語中等学校6校（生徒3,444人）に拡大しました。

今日、英語を話す家庭の子どもたちがウェールズ語を習得してバイリンガル話者になっていく重要な道筋となっているウェールズ語学校ですが、設立当初は、ウェールズ語を話す家庭の子どもたちが母語で学ぶための学校で、入学時にウェールズ語を話せない子どもが入学を認められないこともあったといいます。しかし、ウェールズ語を話さない家庭から通学する子どもたちが次第に増加し、今日ウェールズ語学校に通う児童・生徒の多くは英語を話す家庭の子どもたちです。90% 以上の児童・生徒がウェールズ語を話さない家庭から来ている学校もあるほどです。ウェールズ語を話さない家庭の子どもたちをウェールズ語学校へ橋渡ししてくれるのはウェールズ語保育です。1971年にはウェールズ語保育協会も設立され、1998年に加盟していた570の保育施設で保育を受けていた約13,500人のうち61%がウェールズ語を話さない家庭の子どもたちだったといいます。ウェールズ語保育を通じてウェールズ語に馴染んだ子どもたちが入学するようになって、ウェールズ語小学校の需要はますます高まりますが、ウェールズ語小学校への入学を希望する児童を収容できる体制は必ずしも地方教育当局が進んで整備したわけではありませんでした。ウェールズ語学校設立を求める親たちが入学予定者のリストを作成して教育当局に交渉したり、時には、希望者がウェールズ語学校に入学を認められなかったことに抗議するため親たちが学校に泊まり込んで訴えるという手段がとられたこともありました。

ウェールズ語学校の設立以前からウェールズ語話者が多い地域の学校では子どもたちの母語であるウェールズ語が授業に用いられることもありましたが、必ずしもウェールズ語スキルを育成することを目的とするものではありませんでした。そのような学校と区別するため、ウェールズ語学校は当初「指定ウェールズ語学校」と呼ばれていたこともあります。1988年の教育改革法以降は、主にウェールズ語で授業をする学校はまとめて「ウェールズ語で教える学校」と分類されています。小学校の場合、過半数の児童が主にウェールズ語で授業を受けるという基準から、約100校あった指定ウェールズ語小学校に加えて約350校が、中等学校の場合、過半数の科目をウェールズ語で教えるという基準から、指定ウェールズ語中等学校20校を含む約50校が「ウェールズ語で教える学校」とされています。

ウェールズ語学校がわずかしかなかった時代には長時間の通学を余儀なくされることもありましたが、ウェールズ語で教える学校が普及したことで、今日では多少の通学距離はあってもウェールズのどの地域でもウェールズ語で教育を受けることが選択できます。例えば、1949年にカーディフに設立されたウェールズ語小学校は児童数増加により1981年に４つに分けられ、現在はカーディフにある69校の公立小学校のうち16校がウェールズ語学校です。2014年の統計によれば、キー・ステージ１（５～７歳）修了の評価を22.4％の児童がウェールズ語で受けていることから、小学生の４～５人に１人はウェールズ語教育を受けていることがわかります。また、ウェールズ語学校においてウェールズ語が必修科目になっているのはもちろんですが、1988年教育改革法で定められたナショナル・カリキュラムの中で、英語で授業をする学校でも第二言語としてウェールズ語が必修科目となり、ウェールズの公立学校に通う子どもたちは第一言語また第二言語のどちらかの形でウェールズ語を学ぶことになったのです。

ウェールズ語の復興への取り組みについてよく言われるのは、それらの取り組みが草の根的な働きかけから発展してきたものだったということです。1939年のウェールズ語小学校誕生も保護者たちの自発的な取り組みによるものでした。また、以降のウェールズ語学校発展も、それぞれの地域で開校や収容定員増を求める働きかけの結果として実現してきたのです。言語復興への取り組みは教育の領域にはとどまりません。次章ではその他の取り組みについて紹介したいと思います。

第５章

復興への取り組み

前章では、若年層の話者増加に大きな役割を果たしたウェールズ語学校の発展について振り返りました。本章では、教育以外の領域で復興に向けてどのような取り組みが行なわれてきたか紹介したいと思います。

1931年の国勢調査では36.8%だった話者率が1951年には28.9%に低下したことはウェールズ語の将来を危惧する人々に衝撃を与えたに違いありません。1925年に結党したウェールズの民族政党であるウェールズ党（プライド・カムリー Plaid Cymru）の党首を務めたこともある劇作家ソンダース・ルイスが、BBCのラジオ講演で「現在の趨勢が続けば、21世紀の始め頃にはウェールズ語は死語になっているだろう」と述べて、ウェールズ語を守るための市民運動を呼びかけたのは1962年2月のことでした（16）。1961年国勢調査の結果公表前に *Tynged yr Iaith*（「言語の運命」）と題して行なわれたこのウェールズ語講演は当時ウェールズ語話者たちが感じていた言語の将来への懸念を集約するものであったかもしれません。講演の中でルイスは、英語の納税通知書に抗議して納税を拒否した市民に触れています。サネシーのビーズリー夫妻は英語だけでなくウェールズ語と英語の二言語で書かれた納税通知書を要求して地方税支払いを拒否したため、1952年から1960年までの間に16回出廷し、6回の差し押さえを受けたといいます。ルイスは、このような抗議行動を組織的に行なう必要を説いたのですが、これを受けて誕生したのが今日まで続く「ウェールズ語協会」（カムデイサス・アル・イアイス Cymdeithas yr Iaith）です。

ウェールズ語協会はまず、法廷への出頭を要請する召喚状、自動車税納税証明書、出生証明書などの文書が、英語だけでなくウェールズ語を含む二言語で発行されることを求めて活動しました。1963年には、法廷への召喚状を二言語で発行することを要求して、アベリストウィスの中心部へ入る主要道路 A487が通るトレヴェハン橋で座り込みの運動を行なっています。また、郵便局に押しかけて窓や壁にウェールズ語サービスを求める 'Defnyddiwch yr Iaith Gymraeg'（ウェールズ語を使え）といったスローガンを書いたり、道路標識にウェールズ語の表記がないことに抗議して英語の地名表示を塗りつぶしたり破壊したりするなど、さまざまな抗議運動が時として過激な手段で行なわれた結果、1962年のウェールズ語協会結成以降、200人もが抗議のための違法行為で服役したといいます(17)。

ウェールズ語で放送を行なうテレビ局 S4C（エス・ペドワル・エック、第4チャンネルを意味する Sianel Pedwar Cymru シャネル・ペドワル・カムリーの頭文字）が1982年に開設されたのもこのような抗議活動の末に実現したものです。ラジオやテレビのウェールズ語番組は BBC などで放送されていましたが、放送のごく一部に限られていてゴールデンタイムにウェールズ語番組がないなどの不満がありました。また、子どもたちが英語の番組ばかり見ながら成長することが言語をさらに衰退させてしまうのではないかという心配もありました。ウェールズ語協会を中心に、1960年代後半からデモ行進や BBC の前で座り込むなどの運動のほか、テレビの受信料不払いで抗議する市民もいました。ウェールズ語ラジオ局BBCラジオ・カムリーは1977年に開設されています。1979年5月の総選挙において保守党はウェールズ語テレビ局設立を公約していましたが、この公約が撤回されると、約2千人の市民が受信料不払いで抗議したほか、テレビ塔のコントロール室に侵入して放送を妨害するという過激な行動に出る者もいました。1980年5月、ウェールズ党の党首だったグィンヴォール・エバンズは10月までに公約を守らなければ、公約が守られるまで無期限のハンガーストライキに突入するとサッチャー政権に通告しました。このような働きかけを受けて同年9月に発表された S4C の設立は1982年11月に実現します。この S4C で放送されている番組の中にはウェールズ語ドラマ『ポブル・ア・クム』

（*Pobol y Cwm*、渓谷の人々の意味）もあります。平日の夜８時から放送されるこのドラマはかつてBBCで放送されていましたが、開局とともにS4Cへ移り、現在まで続いています。「はじめに」で紹介した俳優ヨアン・グリフィズが出演していたのもこのドラマです。このようなウェールズ語番組のほとんどにサブタイトルが利用可能で、ウェールズ語がわからない人も英語のサブタイトルを見ながら一緒に楽しむことができますし、学習者がウェールズ語のサブタイトルで勉強しながら視聴することもできます。

さまざまな手段でウェールズ語を使用する権利を訴えてきた活動は、日々当たり前に日本語を使って生活している私たちが意識しない言語の重要な面に気づかせてくれます。広い世界とつながりを持つための手段ともなる言語はまた、自分のアイデンティティーをなす民族的な文化の象徴でもあります。自分たちの言語に愛着を持つ人々にとって、言語が消滅してしまうことは、自らのルーツが失われることのように感じられるのかもしれません。

時として過激な手段による訴えや、地道な働きかけを経て、道路標識や納税などに関わる公的文書をウェールズ語と英語の二言語で提供するように改めて規定したのが1993年の言語法です。この法律によって、地方自治体、警察、消防、公立の医療機関や教育機関など公的サービスを提供する機関はウェールズ語と英語の二言語を同等に扱うための運用計画を作成し、運用計画を定期的に見直していくことが義務づけられるようになりました。ウェールズ語の促進にあたるウェールズ語委員会がこれらの機関に運用計画を作成するよう働きかけ、提出された計画を承認する役割を担うことになりました。運用計画の作成が義務づけられていなかった民間企業の中にも、運用計画の承認を受けて二言語でサービスを提供したり、自主的にウェールズ語を使用するところもありました。1967年の言語法は法廷などでウェールズ語を使用することを容認するだけのものでしたが、1993年の言語法はウェールズ語の使用を促進するための具体的な方策をともなうものだったと言えます。

1997年9月の住民投票の結果を受けて、1999年に発足したウェールズ議会は二言語で運営される議会です。議会ではウェールズ語と英語の二言語が用いられ、議事録も二言語で記録されます。ウェールズ議会は、2006年のウェールズ自治法でさらなる立法権を請求できるようになりました。この権限移譲によって成立したのが2011年のウェールズ語法でした。これにより、ウェールズ語委員会が担ってきた言語の使用を促進する役割をウェールズ語コミッショナーが引き継ぐことになったと同時に、通信・ガス・電気・水道・郵便・交通などの公益事業を行なう企業にもウェールズ語でサービスを提供することが義務づけられるようになり、1993年法のもとで個別に作成されていた運用計画に代わる統一的な「ウェールズ語スタンダード」に沿って、二言語サービスが提供されることになっています。

ウェールズ議会が発足し、言語法によってウェールズ語でサービスを提供することを義務づける法整備が進んだとはいえ、言語にとって最も重要なのは実際に言語が使われることです。伝統的にウェールズ語が使われてきたのは教会や地域のコミュニティですが、これらの領域の影響力は小さくなっています。代わって重要になってきたのはウェールズ語保育からウェールズ語学校へと橋渡しされるウェールズ語教育の役割です。今日では大学進学に必要な試験もウェールズ語で受験できますし、ウェールズ語で学位をとることができるコースを提供する大学もあります。ウェールズ語学校の発展やウェールズ語の地位向上にともなって、家庭でもウェールズ語が継承されやすくなっているようです。両親ともウェールズ語話者である子どもたちの９割以上、一方の親がウェールズ語話者である子どもたちの５割前後がウェールズ語話者である、という

1999年の調査結果もあります (18)。また、両親のどちらもウェールズ語話者でない子どもたちも約12% がウェールズ語話者になっています。第３章で紹介した1950年代の調査で、両親がウェールズ語話者でも７割、一方が話者の場合には１割程の子どもたちにしか言語が継承されなかったのと比べて言語が受け継がれる可能性は高くなっています。

大人たちも懸命にウェールズ語を学んでいます。1960年代になって、それまで文芸作品中心だったウェールズ語講座に代わり、話しことば中心の講座が第二言語学習者向けに開かれるようになりました。1970年代初めには、400近いウェールズ語講座に５千人ほどの学習者が参加していました。この頃、実際に話せるようになることに主眼をおいたウルパン方式と呼ばれる集中講座が創設されています。学習者の数は、1990年代初めには１万人を超え、現在は毎年２万人程の学習者がさまざまなコースで学んでいます。習熟度のレベルとその名称は Mynediad(マネディアド、英語の名称は Entry)、Sylfaen(サルヴァエン、英語の名称は Foundation)、Canolradd(カノラズ、英語の名称は Intermediate)、Uwch（ユーフ、英語の名称は Higher)、Hyfedredd（ハヴェドレズ、英語の名称は Proficiency ）の５つに統一されています。週１回で半年または１年にわたって開講されるものから、週２～３回の頻度で２～３か月程度のもの、何週間かの間毎日授業を行なう集中型などさまざまな講座がありますが、学習開始後４～５年で Uwch と呼ばれる上級クラスに到達する学習者が多いようです。ウェールズ語を学ぶ理由はさまざまで、ウェールズ語学校に通う子どもやウェールズ語を話す家族のために学ぶ学習者もいれば、仕事上の必要から学ぶ学習者もいます。また、ウェールズ語話者の多い地域に移り住んだことがきっかけという学習者や、自分の家族が何世代か前に話していた言語を取り戻したいと望む学習者もいます。

第１章でも触れた全国規模のナショナル・アイステズヴォッドの開催地は、北部と南部から交互に選ばれます。例えば、偶数年だった2014年は南部開催で、最初の公立ウェールズ語学校が開校したサネシーで行なわれました。さまざまなコンテストの会場となるメイン・パヴィリオン内では英語への同時通訳サービスも提供されます。field を意味するウェールズ語でマイス（maes）と呼ばれる広大な会場内にはウェールズ語学習者向けのブースなどもあります。毎年、約６千人の参加者がさまざまなコンテストで競い合い、16万人に上る来場者が足を運び、その運営を多数のボランティアが担っています。会場全体でウェールズ語が使用されている様子から言語の活気を感じ取ることができるのはこの巨大なウェールズ語の祭典を多くの人々が支えているおかげなのです。

おわりに

第４章および第５章でウェールズ語復興のためのさまざまな取り組みと、言語が実際に使われる様子を紹介してきました。今日、ウェールズの街角にはウェールズ語の表示があふれていますし、テレビやラジオで一日中何かしらウェールズ語の番組を楽しむことができます。残念ながらウェールズ語の日刊新聞はありませんが、パペル・ブロ（ paper bro ）と呼ばれる地域の新聞が各地で発行されています。また、さまざまウェブサイトでニュースをウェールズ語でチェックすることもできます。そして、毎年何百冊ものウェールズ語書籍が出版されています。ウェールズ語の衰退は過去のものとなり、復興は成功したということなのでしょうか。2011年の国勢調査の結果は、まだまだ安心してはいけない、という警鐘を鳴らすものでした。

初めて話者率が上昇した2001年国勢調査では話者率が20.8％、話者数が約58万2千人でしたが、2011年は2001年の結果を下回る話者率19%、話者数約56万2千人という残念な結果だったのです (19)。2011年の結果を詳しく分析してみると、話者率が最も高い5～15歳の子どもの人口が約41,300人減少しています。それでもウェールズ全体の人口が約15,300人増加しているのは、ウェールズから出ていく人よりも外から移り住んで来た人が多かったためで、ウェールズにやって来る人は前回調査時点でウェールズに住んでいた人に比べ、話者率が低い傾向にあります (20)。これらの人口構成にかかわる変動や、ウェールズの外に住む話者について十分に把握できないなどの問題もあり、国勢調査の結果は決して言語の状態を示す絶対的な指標ではありませんが、それでも話者率の1.8ポイント低下、話者数の2万人減少はウェールズ語の復興について憂慮すべき結果です。

2011年の国勢調査結果についてウェールズ語コミッショナー、メリー・ヒューズは「[国勢調査でウェールズ語話者が増加した]十年前に、もうこれで大丈夫、一部で言語が後退するようなことがあっても別の面での伸びが補ってくれるだろうという誤った安心感を皆が持ってしまったかもしれない」とコメントしました(21)。ウェールズ語は将来の存続が危ぶまれる少数言語の中で稀に見る復興を成し遂げてきたと言えるかもしれませんが、その復興はまだまだ道半ばにあるのです。

ウェールズ語話者のほとんどは英語も話すバイリンガル話者です。広い世界を知り文化的に異なる背景を持つ人々とのコミュニケーションのために英語を学んでいる私たちは、言語の意思疎通の手段としての役割に目が行きがちです。しかしながら、英語という言わば「世界共通語」も話すウェールズの人々がウェールズ語の存続にこだわるのは言語の持つさらなる役割のためです。どのような話し方をするかはその人が何者であるかを示すものであり、仲間同士で同じ話し方を共有しようとすることはグループの一員であるというアイデンティティーを確認することにつながります。ウェールズ人の民族意識の根幹にウェールズ語の存在があって、自分たちの言語でコミュニケーションをとることには共通のルーツを感じるという大きな意義があるのです。ウェールズ語を話さない人にとっても、ウェールズ語で歌ったり、簡単な挨拶表現は知っているなど、ウェールズ語は馴染み深い言語で、ウェールズ独自の言語があるということはアイデンティティーに関わる重要なことなのです。ウェールズ語が今後もそのような役割を果たしていくためには、家庭、学校、地域、職場、行政サービス、メディアなどさまざまな領域で意思疎通の手段としても当たり前に使うことができる環境が必要です。

残念ながら、ウェールズ語が日常的なコミュニケーション手段として使われる地域は縮小しつつあります。行政の最小単位であるコミュニティのレベルで考えると、2011年の国勢調査で話者率が70%を超えたところは、900弱あるコミュニティの中で39しかありませんでした。ウェールズ語話者の割合が高いのは人口の少ない郊外であることが多いので、話者の実数で考えると、都市部に住む話者のほうが多いくらいです。例えば、2011年の国勢調査で首都カーディフのウェールズ語話者率は11.1%と決して高くはありませんでしたが、その約3万7千人という話者数は22州ある自治体の中で57.2%と2番目に話者率が高かった北西部のアングルシー島の話者約3万9千人に匹敵する規模です。ウェールズ語地域を保存することはもちろん大切ですが、話者率の低い都市部に散在する話者もウェールズ語とつながりを保ちながら生活できるような社会を実現することが復興の鍵になるのかもしれません。

ウェールズ語では、Cenedl heb iaith, cenedl heb galon（言語のない国は心のない国）と言います。本書でも述べてきたように、国のことばを守るためのさまざまな取り組みが行なわれてきました。そして、言語復興のため取り組みは今後も続いていくはずです。人々の努力によって国のことばを後世に残していくことができるのか、本書を手にとってくださった皆さまが、復興へ向かうであろうウェールズ語の今後を一緒に見守ってくだされば幸いです。

最後に、鶴見大学比較文化研究所の冨岡悦子所長をはじめ、所員の先生方にこのような執筆の機会をくださったことを心より感謝いたします。そして、ウェールズ語について学ぼうとする私をこれまでさまざまな形で助けてくれたたくさんの人々への感謝のことばで結びたいと思います。

Diolch yn fawr.（ディオルホ アン ヴァウル）

【注】

はじめに

(1) マーク・エイブリー (2006)『「消えゆくことば」の地を訪ねて』木下哲夫訳　白水社 p.331

第1章　ウェールズ語はどのような言語か

(2) 水谷宏 (1996)『毎日ウェールズ語を話そう』大学書林、永田喜文・小池剛史 (2011)『ウェールズ語の基本』三修社、などがあります。

(3) 1891年の国勢調査は、言語についての質問形式が以降の国勢調査とは異なるため、残念ながら1901年以降とは単純に比較することができません。この問題については、松山 (2008)「ウェールズ語の復興と話者数データ」『鶴見大学紀要』第45号第2部外国語・外国文学編 pp. 65-81、でも論じています。

(4) W. T. R. Pryce (1978) 'Welsh and English in Wales 1750-1971.' *Bulletin of the Board of Celtic Studies*, XXVIII, pp.1-36.

第2章　衰退への2つの波

(5) 3部にまとめられたこの報告書 *Reports of the Commissioners of Inquiry into the State of Education in Wales.* の原文はウェールズ国立図書館のホームページで閲覧可能です (http://www.llgc.org.uk/index.php?id=thebluebooks)。

(6) この時期のウェールズの産業については、D. Gareth Evans (1989) *A History of Wales 1815-1906.* Cardiff: University of Wales Press. で詳しく紹介されています。

(7) トーマスが論じるプラスの影響については、Brinley Thomas (2000) 'A cauldron of rebirth: population and the Welsh language in the nineteenth century.' G. H. Jenkins (ed.) *The Welsh Language and its Social Domains 1801-1911.* Cardiff: University of Wales Press. pp.81-99. で詳しく述べられています。

(8) John E. Southall (1893) *Wales and her Language.* Newport: John E. Southall.

第3章　言語境界線の移動と次世代の言語

(9) 言語境界線の移動については、ダニエル・ネトル、スザンヌ・ロメイン (2001)『消えゆく言語たち』島村宣男訳、新曜社、の第6章で詳しく述べられています。

(10) Central Advisory Council for Education (1953) *Place of Welsh and English in the Schools of Wales.* London: HMSO.

(11) 1901年から1981年は John Davies *et al.* (eds.) (2008) *The Welsh Academy Encyclopaedia of Wales*. Cardiff: University of Wales Press. から、1991年と2001年は Welsh Language Board (2003) *Census 2001: Main Statistics about Welsh*. http://www.bwrdd-yr-iaith.org.uk (2003年9月23日) から。

(12) Office of Population Censuses and Surveys (1994) *1991 Census: Welsh Language.* London: HMSO. 以降の集計見直しや四捨五入の取り扱いのため、表1で紹介したものとは全体の話者率などに若干の違いがあります。

第4章　ウェールズ語と学校教育

(13) 二言語使用に対する否定的な見方があったことについては、コリン・ベーカー（1996）『バイリンガル教育と第二言語習得』岡秀夫訳・編、大修館書店、の第8章で詳しく述べられています。

(14) Board of Education (1927) *Welsh in Education and Life.* London: HMSO.

(15) ウェールズ語学校の誕生と発展については、Iolo Wyn Williams (ed.) (2003) *Our Children's Language: The Welsh-medium Schools of Wales 1939-2000.* Talybont: Y Lolfa. や Huw S. Thomas and Colin H. Williams (2013) *Parents, Personalities and Power.* Cardiff: University of Wales Press. などが参考になります。

第5章　復興への取り組み

(16) この講演には英語版からの翻訳があります。ソンダース・ルイス (1988)「ウェールズ語の未来」松本達郎訳『獨協大学英語研究』31号 pp.171-195.　p.172からの引用。

(17) 1962年結成のウェールズ語協会については、D. Phillips (2000) 'The history of the Welsh Language Society 1962-1998.' G. H. Jenkins and M. A. Williams (eds.) *'Let's Do Our Best for the Ancient Tongue': the Welsh Language in the Twentieth Century.* Cardiff : University of Wales Press. pp.463-490. などが参考になります。

(18) Welsh Language Board (1999) *Continuity in Welsh Language Education.* Cardiff: Welsh Language Board.

おわりに

(19) Office for National Statistics (2012) *2011 Census: Key Statistics for Wales, March 2011.* http://www.ons.gov.uk/ons/rel/census/2011-census/detailed-characteristics-on-demography-for-2011-census-merged-wards-and-middle-layer-super-output-areas-in-england-and-wales/rpt-english-language-proficiency.html (2012年12月11日)

(20) Welsh Government (2012) *2011 Census: First Results on the Welsh Language. (Statistical Bulletin.* 118) http://wales.gov.uk/topics/statistics/headlines/population2012/121211/?lang=en (2012年12月11日)

(21) Welsh Language Commissioner (2012) 'The Welsh Language Commissioner's response to the 2011 Census results.' http://www.comisiynyddygymraeg.org/english/news/Pages/WelshLanguageCommissionerrecognizesthechallengeposedbytheCensus.aspx (2012年12月11日)

【著 者 紹 介】

松山　明子（まつやま　あきこ）

ウェールズ大学カーディフ校に留学。留学中にウェールズ語学習者向けの試験 Defniddio'r Gymraeg（GCSE O レベル相当）合格。鶴見大学文学部英語英米文学科准教授。論文に、「ウェールズにおける英語の普及：国家語の拡大と言語教育政策」、「ウェールズのバイリンガル教育」、「2011年国勢調査におけるウェールズ語話者数データ」などがある。

〈比較文化研究ブックレットNo.13〉

国のことばを残せるのか

ウェールズ語の復興

2015年３月25日　初版発行

著　　者　松山　明子

企画・編集　鶴見大学比較文化研究所
〒230-0063　横浜市鶴見区鶴見2-1-5
鶴見大学６号館
電話　045（580）8196

発　　行　神奈川新聞社
〒231-8445　横浜市中区太田町2-23
電話　045（227）0850

印 刷 所　神奈川新聞社クロスメディア営業局

定価は表紙に表示してあります。

「比較文化研究ブックレット」の刊行にあたって

比較文化は二千年以上の歴史があるが、学問として成立してからはまだ百年足らずである。近年、世界のグローバル化に伴いその重要性は増してきている。特に異文化理解と異文化交流、異文化コミュニケーションといった問題は、国内外を問わず、切実かつ緊急の課題として現前している。同時多発テロの深層にも異文化の衝突があることは誰もが認めるところであろう。

さらに比較文化研究は、あらゆる意味で「境界を超えた」ところに、その研究テーマがある。国家や民族ばかりではなく時代もジャンルも超えて、人間の営みとしての文化を研究するものである。インターネットで世界が狭まりつつある二十一世紀が、同時多発テロと報復戦争によって始まったことは歴史のパラドックスであろう。文化もテロリズムも戦争も、その境界を失いつつある現在、比較文化研究はその境界を超えた視点を持った新しい学問なのである。

鶴見大学に比較文化研究所準備委員会が設置されて十余年、研究所が設立されて三年を越えて機も熟し、本シリーズの発刊の運びとなった。比較文化論は近年ブームともいえるほど出版されているが、その多くは思いつき程度の表面的な文化比較であり、学術的検証に耐えうるものは少ない。本シリーズは学術的検証に耐えつつ、啓蒙的教養書として平易に理解しやすい形で、知の文化的発信を行おうという試みである。大学およびその付属研究所の使命は、単に閉鎖された空間における学術研究のみにその使命があるのではない。ましてや比較文化研究が閉鎖されたものであって良いわけがない。広く社会にその研究成果を公表し、寄与することこそ最大の使命であろう。勿論、研究所のメンバーはそれぞれ機関誌や学術誌に各自の研究成果を発表しているが、本シリーズでより豊かな成果を社会に問うことを期待している。

鶴見大学比較文化研究所　所長　相良英明

二〇〇二年三月

比較文化研究ブックレット近刊予定

■南アジア先史文化人の心と社会を探る
―女性土偶から男性土偶へ：縄文土偶を参考に

宗臺秀明

人々は先史時代から心の拠り所を何かに求めてきた。それを単純に心の弱さと捉えるのではなく、人間も自然の一部として存在することを受け止め、認識する必要があろう。南アジア先史時代の土偶の観察から、人は急激な社会の変化に心が追いつかずに変化に対応する橋渡しを土偶に求めていた。そうした緩衝地帯を求める心を打ち消すことなく、素直に表し、標榜することが現代の我々にも必要なのではないだろうか。

■日本語と他言語Ⅱ
―続・ことばのしくみを探る―

三宅知宏

日本語という言語の特徴について、英語や韓国語など、他の言語と対照しながら考察した『日本語と他言語　【ことば】のしくみを探る（比較文化研究所ブックレットNo. 5）』の続編。

前著とは異なる言語現象を取り上げるが、好評だった前著と同様、〝ことば〟の分析のおもしろさにふれてもらうことを目的とし、可能な限り具体的で身近な例を用いて平易に解説する。

比較文化研究ブックレット・既刊

No.1 詩と絵画の出会うとき

～アメリカ現代詩と絵画～　森　邦夫

ストランド、シミック、ハーシュ、３人の詩人と芸術との関係に焦点をあて、アメリカ現代詩を解説。

Ａ５判　57頁　602円(税別)
978-4-87645-312-2

No.2 植物詩の世界

～日本のこころ ドイツのこころ～　冨岡悦子

文学における植物の捉え方を日本、ドイツの詩歌から検証。民族､信仰との密接なかかわりを明らかにし、その精神性を読み解く！

Ａ５判　78頁　602円(税別)
978-4-87645-346-7

No.3 近代フランス・イタリアにおける悪の認識と愛

加川順治

ダンテの『神曲』やメリメの『カルメン』を題材に、抵抗しつつも〝悪〟に惹（ひ）かれざるを得ない人間の深層心理を描き、人間存在の意義を鋭く問う！

Ａ５判　84頁　602円(税別)
978-4-87645-359-7

No.4 夏目漱石の純愛不倫文学

相良英明

夏目漱石が不倫小説？　恋愛における三角関係をモラルの問題として真っ向から取り扱った文豪のメッセージを、海外の作品と比較しながら分かりやすく解説。

Ａ５判　80頁　602円(税別)
978-4-87645-378-8

比較文化研究ブックレット・既刊

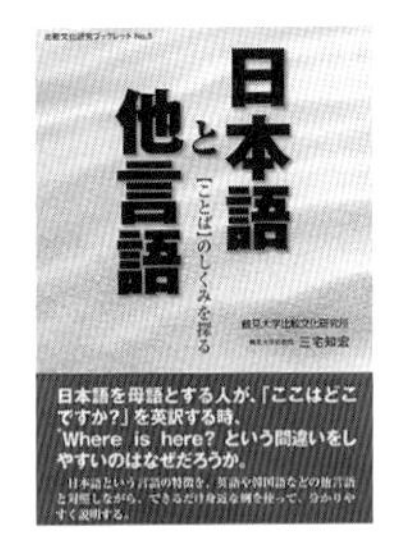

No.5 日本語と他言語

【ことば】のしくみを探る　三宅知宏

日本語という言語の特徴を、英語や韓国語など、他の言語と対照しながら、可能な限り、具体的で、身近な例を使って解説。

Ａ５判　88頁　602円(税別)
978-4-87645-400-6

No.6 国を持たない作家の文学

ユダヤ人作家アイザックＢ・シンガー　大﨑ふみ子

「故国」とは何か？　かつての東ヨーロッパで生きたユダヤの人々を生涯描き続けたシンガー。その作品に現代社会が見失った精神的な価値観を探る。

Ａ５判　80頁　602円(税別)
978-4-87645-419-8

No.7 イッセー尾形のつくり方ワークショップ

土地の力「田舎」テーマ篇　吉村順子

演劇の素人が自身の作ったせりふでシーンを構成し、本番公演をめざしてくりひろげられるワークショップの記録。

Ａ５判　92頁　602円(税別)
978-4-87645-441-9

No.8 フランスの古典を読みなおす

安心を求めないことの豊かさ　加川順治

ボードレールや『ル・プティ・フランス』を題材にフランスの古典文学に脈々と流れる“人の悪い人間観”から生の豊かさをさぐる。

Ａ５判　136頁　602円(税別)
978-4-87645-456-3

比較文化研究ブックレット・既刊

No.9　人文情報学への招待

大矢一志

　コンピュータを使った人文学へのアプローチという新しい研究分野を、わかりやすく解説した恰好の入門書。

Ａ５判　112頁　602円（税別）
978-4-87645-471-6

No.10　作家としての宮崎駿

～宮崎駿における異文化融合と多文化主義～　相良英明

　「ナウシカ」から「ポニョ」に至る宮崎駿の軌跡を辿りながら、宮崎作品の異文化融合と多文化主義を読み解く。

Ａ５判　84頁　602円（税別）
978-4-87645-486-0

No.11　森田雄三演劇ワークショップの18年

―Mコミュニティにおけるキャリア形成の記録―　吉村順子

　全くの素人を対象に演劇に仕上げてしまう、森田雄三の「イッセー尾形の作り方」ワークショップ18年の軌跡。

Ａ５判　96頁　602円（税別）
978-4-87645-502-7

No.12　PISAの「読解力」調査と全国学力・学習状況調査

―中学校の国語科の言語能力の育成を中心に―　岩間正則

　国際的な学力調査であるPISAと、日本の中学校の国語科の全国学力・学習状況調査。この2つの調査を比較し、今後身につけるべき学力を考察する書。

Ａ５判　120頁　602円（税別）
978-4-87645-519-5